AF188961

Impressum
Verlag: BABADADA GmbH, Nedderfeld 112 , 22529 Hamburg
Geschäftsführer / Verlagsleitung: Harald Hof
Druck: Books on Demand GmbH, In de Tarpen 42, 22848 Norderstedt

Imprint
Publisher: BABADADA GmbH, Nedderfeld 112 , 22529 Hamburg, Germany
Managing Director / Publishing direction: Harald Hof
Print: Books on Demand GmbH, In de Tarpen 42, 22848 Norderstedt

école

سکول

salle de classe
کلاس روم
diviser
تقسیم
186/2
tableau noir
بورڈ
cour (de récréation)
سکول نا میدان
professeur
استاد
papier
کاغذ
écrire
stylo
قلم
bureau
میز
règle
سکیل
livre
کتاب
élève
شاگرد

cartable

جزدان

trousse

پینسل دا ڈبہ

crayon

پینسل

taille-crayon

پینسل شارپنر

gomme

ربر

carnet à dessin

ڈرائنگ پیڈ

2

dessin

....

ڈرائنگ

pinceau

....

پینٹ برش

boîte de peinture

....

پینٹ باکس

ciseaux

....

قینچی

colle

....

گلو

cahier d'exercices

....

مشقی کتاب

devoirs

....

گھر دا کم

chiffre

....

عدد

additionner

....

جمع

soustraire

....

تفریق

multiplier

....

ضرب

calculer

....

کیلکولیٹ

lettre

....

خطرہ

alphabet

....

حروف تہجی

mot

....

لفظ

texte
....
متن

lire
....
پڑھنا

craie
....
چاک

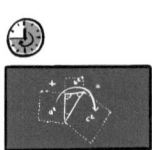

leçon
....
سبق

livre de classe
....
رجسٹر

examen
....
امتحان

certificat
....
سند

uniforme scolaire
....
سکول نی وردی

formation
....
تعلیم

lexique
....
انسائیکلوپیڈیا

université
....
یونیورسٹی

microscope
....
مائیکرو سکوپ

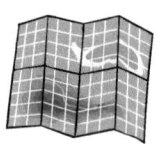

carte
....
نقشہ

corbeille à papier
....
کچرے نا ڈبہ

hôtel
ہوٹل
auberge
ہاسٹل
bureau de change
ایکسچینج دفتر
EXCHANGE
valise
سوٹ کیس
voiture
کار

langue
بولی

oui / non
ہاں /نئیں

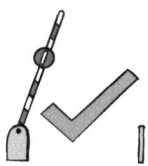

d'accord
ٹھیک ہے

Salut
اسلام و علیکم

interprète
ترجمان

merci
شکریہ

Combien coûte...?

ایہہ کنے نے ؟

Je ne comprends pas

می سمجه نئیں رلی

problème

مسئلہ

Bonsoir !

اسلام و علیکم

Bonjour !

اسلام و علیکم

Bonne nuit !

اللہ حافظ

Au revoir

اللہ نے حوالے

direction

سمت

bagages

سامان

sac

بیگ

sac-à-dos

بیک پیک

hôte

مہمان

pièce

کمرہ

sac de couchage

سلیپنگ بیگ

tente

خیمہ

office de tourisme

سیاح لئی معلومات

plage

ساحل سمندر

carte de crédit

کریڈٹ کارڈ

petit-déjeuner

ناشتہ

déjeuner

دوپہر نا کھانا

dîner

رات نا کھانا

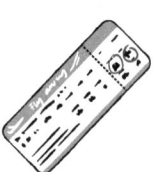

billet

ٹکٹ

ascenseur

لفٹ

timbre

مہر

frontière

بارڈر

douane

کسٹمز

ambassade

ایمبیسی

visa

ویزا

passeport

پاسپورٹ

transport

ٹرانسپورٹ

avion
جہاز
navire
پانی آلا جہاز
véhicule de pompiers
فائر انجن
bus
بس
camion
ٹرک
bateau à moteur
موٹر بوٹ
voiture
کار
bicyclette
بائیک

ferry

فیری

barque

کشتی

moto

موٹر بائیک

voiture de police

پولیس کار

voiture de course

ریسنگ کار

voiture de location

کرایہ نی گڈ

auto-partage
....
کار شئیرنگ

voiture de remorquage
....
بریک ڈاؤن ٹرک

benne à ordures
....
ریفیوز ٹرک

moteur
....
موٹر

essence
....
فیول

station d'essence
....
پٹرول سٹیشن

panneau indicateur
....
ٹریفک سائن

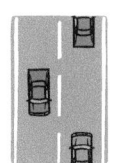

trafic
....
ٹریفک

embouteillage
....
ٹریفک جام

parking
....
کار پارک

gare
....
ریل سٹیشن

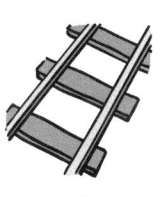

rails
....
ٹریکس

train
....
ریل

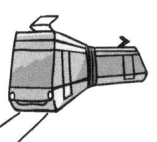

tramway
....
ٹرام

wagon
....
کیرج

hélicoptère

....

بیلی کاپٹر

aéroport

....

ائر پورٹ

tour

....

مینار

passager

....

مسافر

conteneur

....

کنٹینر

carton

....

کاٹن

chariot

....

چھکڑا

corbeille

....

بالٹی

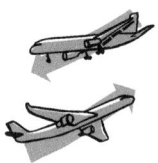

décoller / atterrir

....

اڈنا / لہنا

ville

شہر

village

....

پنڈ

centre-ville

....

سٹی سینٹر

maison

....

کھار

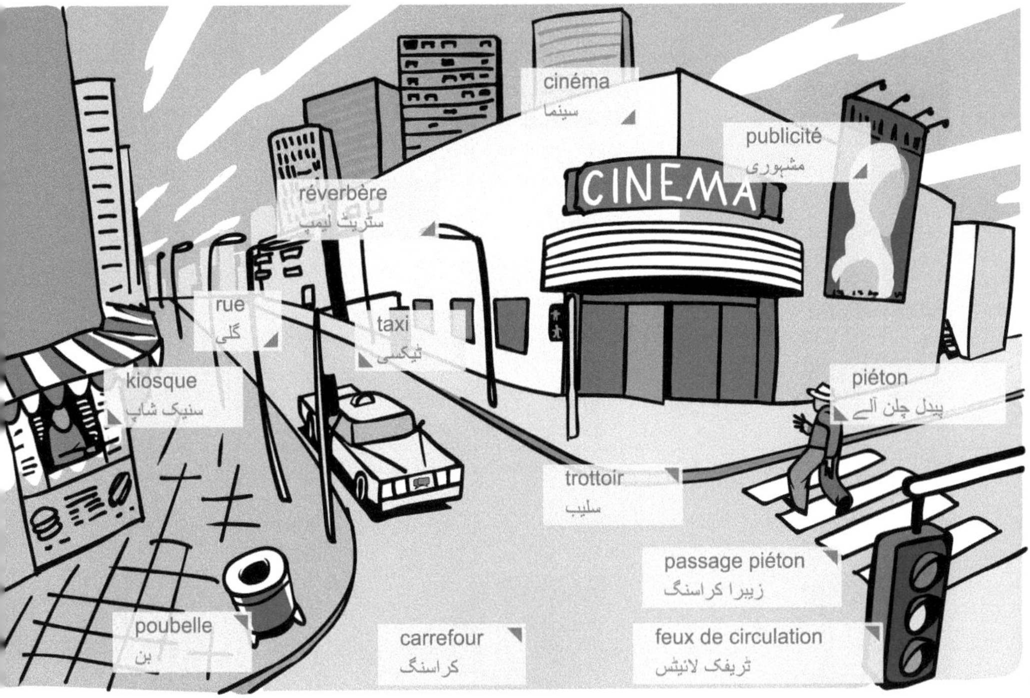

cinéma / سینما

publicité / مشہوری

réverbère / سٹریٹ لیمپ

rue / گلی

taxi / ٹیکسی

CINEMA

piéton / پیدل چلن آلے

kiosque / سنیک شاپ

trottoir / سلیپ

passage piéton / زیبرا کراسنگ

poubelle / بن

carrefour / کراسنگ

feux de circulation / ٹریفک لائیٹس

cabane

بٹ

appartement

فلیٹ

gare

ریل سٹیشن

mairie

ٹاؤن ہال

musée

میوزنیم

école

سکول

université

یونیورسٹی

banque

بنک

hôpital

ہسپتال

hôtel

ہوٹل

pharmacie

فارمیسی

bureau

دفتر

librairie

کتب خانہ

magasin

ہٹی

fleuriste

پھلاں الے

supermarché

سپر مارکیٹ

marché

بازار

grand magasin

ڈیپارٹمنٹ سٹور

poissonnerie

مچھیرے

centre commercial

شاپنگ سینٹر

port

بندرگاہ

parc

پارک

banque

بنچ

pont

پل

escaliers

سیڑھیاں

métro

انڈر گراؤنڈ

tunnel

ٹنل

arrêt de bus

بس سٹاپ

bar

بار

restaurant

ریسٹورنٹ

boîte à lettres

پوسٹ بکس

panneau indicateur

سٹریٹ سائن

parcmètre

پارکنگ میٹر

zoo

چڑیا گھار

piscine

سوئمنگ پول

mosquée

مسجد

ferme

فارم

pollution

آلودگی

cimetière

قبرستان

église

چرچ

aire de jeux

پلے گراؤنڈ

temple

مندر

paysage

منظر

feuille
پتہ

panneau indicateur
سائن پوسٹ

chemin
راہ

pré
سر سبز میدان

pierre
پتھر

randonneur
ہائکر

arbre
درخت

rivière
دریا

herbe
گھاس

fleur
پھول

vallée

وادی

montagne

پہاڑی

lac

نہر

forêt

جنگل

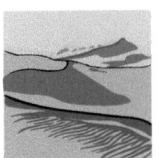

désert

صحرا

volcan

آتش فشاں

château

قلعہ

arc-en-ciel

رین بو

champignon

کھمبی

palmier

پام ٹری

moustique

مچھر

mouche

مکھی

fourmis

چیونٹا

abeille

مکھی

araignée

مکڑی

coléoptère

بھونرا

grenouille

مینڈک

écureuil

گلہری

hérisson

سیہہ

lièvre

ساھیا

chouette

الو

oiseau

پرندہ

cygne

راج ہنس

sanglier

نر سور

cerf

ہرن

élan

بارہ سنگا

barrage

ڈیم

éolienne

ونڈ ٹربائن

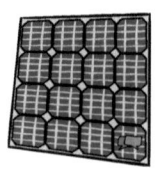

panneau solaire

شمسی توانائی دا پینل

climat

آب و ہوا

restaurant
ریسٹورنٹ

serveur
ویٹر
menu
مینیو
chaise
کرسی
soupe
سوپ
pizza
پیزا
couverts
nappe
میز نا کپڑا

hors d'œuvre
....
سٹارٹر

plat principal
....
مین کورس

dessert
....
ڈیزرٹ

boissons
....
مشروب

alimentation
....
کھانا

bouteille
....
بوتل

fast-food

فاسٹ فوڈ

plats à emporter

سٹریٹ فوڈ

théière

ٹی پاٹ

sucrier

شوگر بول

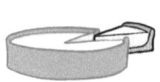

portion

پورشن

machine à expresso

اسپریسو مشین

chaise haute

ہائی چئیر

facture

بل

plateau

ٹرے

couteau

چھری

fourchette

کنڈا

cuillère

چمچ

cuillère à thé

ٹی سپون

serviette

تولیہ

verre

گلاس

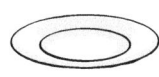

assiette

پلیٹ

assiette à soupe

سوپ پلیٹ

soucoupe

ساسر

sauce

چٹنی

salière

نمک دانی

moulin à poivre

پیپر مل

vinaigre

سرکہ

huile

تیل

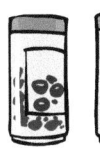

épices

مصالحہ

ketchup

کیچپ

moutarde

سرہیئوں

mayonnaise

مینیز

supermarché
سپر مارکیٹ

offre promotionnelle
سپیشل آفر
client
گاہک
produits laitiers
ڈیری
fruits
پھل
chariot
ٹرالی

boucherie

قصائی

boulangerie

بیکرز

peser

وزن

légumes

سبزیاں

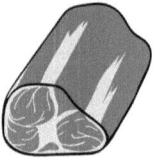

viande

گوشت

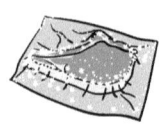

aliments surgelés

فروزن فوڈ

charcuterie

کولڈ گوشت

conserves

ٹن فوڈ

poudre à lessive

واشگ پوڈر

bonbons

مٹھائی

articles ménagers

کھار دیاں چیزاں

détergents

صفائی آلی چیزاں

vendeuse

سیل مین

caisse

ٹل

caissier

کیشئیر

liste d'achats

شاپنگ لسٹ

heures d'ouverture

کھلن دا ویلا

portefeuille

پرس

carte de crédit

کریڈٹ کارڈ

sac

بیگ

sac en plastique

پلاسٹک بیگ

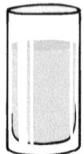

boissons
مشروب

eau

....

پانی

jus de fruit

....

جوس

lait

....

ددھ

coca

....

کوک

vin

....

شراب

bière

....

شراب

alcool

....

شراب

chocolat chaud

....

کوکا

thé

....

چا

café

....

کافی

expresso

....

اسپریسو

cappuccino

....

کیپچینو

banane

کیلا

pomme

سیب

orange

موسمبی

melon

تربوز

citron

نیمبو

carotte

گاجر

ail

لہسن

bambou

بانس

oignon

پیاز

champignon

کھمبی

noisettes

میوے

pâtes

نوڈلز

spaghetti

سپیگیٹی

riz

چاول

salade

سلاد

pommes frites

چپس

pommes de terre rôties

تلے ہوئےآلو

pizza

پیزا

hamburger

ہیم برگر

sandwich

سینڈوچ

escalope

تکے

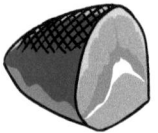

jambon

ہیم

salami

سلامی

saucisse

ساسج

poulet

مرغی

rôti

بھنیا ہویا

poisson

مچھی

flocons d'avoine

....

جو نا دلیہ

muesli

....

مولی

cornflakes

....

کارن فلیکس

farine

....

آٹا

croissant

....

کرائسنٹ

petits-pains

....

بریڈ رول

pain

....

روٹی

pain grillé

....

ٹوسٹ

biscuits

....

بسکٹ

beurre

....

مکھن

le fromage blanc

....

دہی

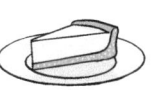

gâteau

....

کیک

œuf

....

انڈا

œuf au plat

....

تلیا انڈا

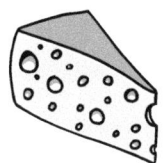

fromage

....

پنیر

glace

آئس کریم

sucre

چینی

miel

شہد

confiture

جام

crème nougat

چاکلیٹ سپریڈ

curry

سالن

ferme

فارم

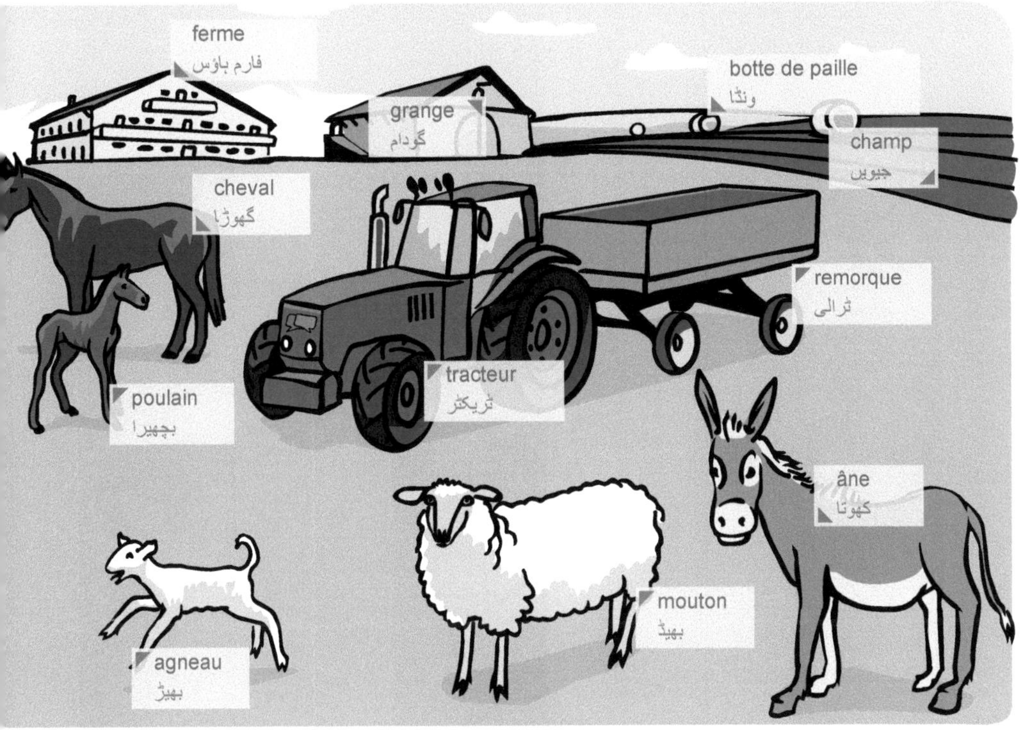

ferme
فارم ہاؤس
grange
گودام
botte de paille
ونڈا
champ
جیوین
cheval
گھوڑا
remorque
ٹرالی
tracteur
ٹریکٹر
poulain
بچھیرا
âne
گھوتا
mouton
بھیڑ
agneau
بھیڑ

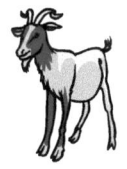

chèvre

بکری

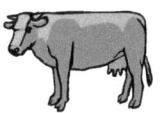

vache

گاں

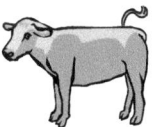

veau

بچھڑا

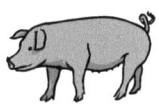

porc

سور

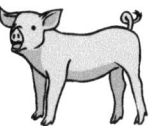

porcelet

پگ لیٹ

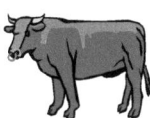

taureau

بیل

oie

بطخ

canard

بطخ

poussin

چوزه

poule

مرغی

coq

مرغا

rat

چوہا

chat

بلی

souris

چوہا

bœuf

بیل

chien

کتا

chenil

کتے نا کھار

tuyau de jardin

لان نا پائپ

arrosoir

پانی نا ڈبی

faucheuse

درانتی

charrue

ہل

faucille

درانتی

pioche

ہو

fourche

ترنگل

hache

کوہاڑی

brouette

ریڑھی

cuve

ڈونگا

pot à lait

ددھ نا ڈبہ

sac

بورا

clôture

باڑ

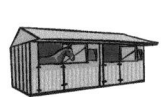

étable

اصطبل

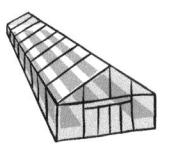

serre

گرین ہاؤس

sol

مٹی

semences

بیج

engrais

کھاد

moissonneuse-batteuse

کمبائن ہارویسٹر

récolter

فصل

récolte

فصل

igname

یامز

blé

گندم

soja

سویا

pomme de terre

آلو

maïs

مکئی

colza

تلی

arbre fruitier

پهلدار درخت

manioc

کاساوا

céréales

اناج

maison

کھار

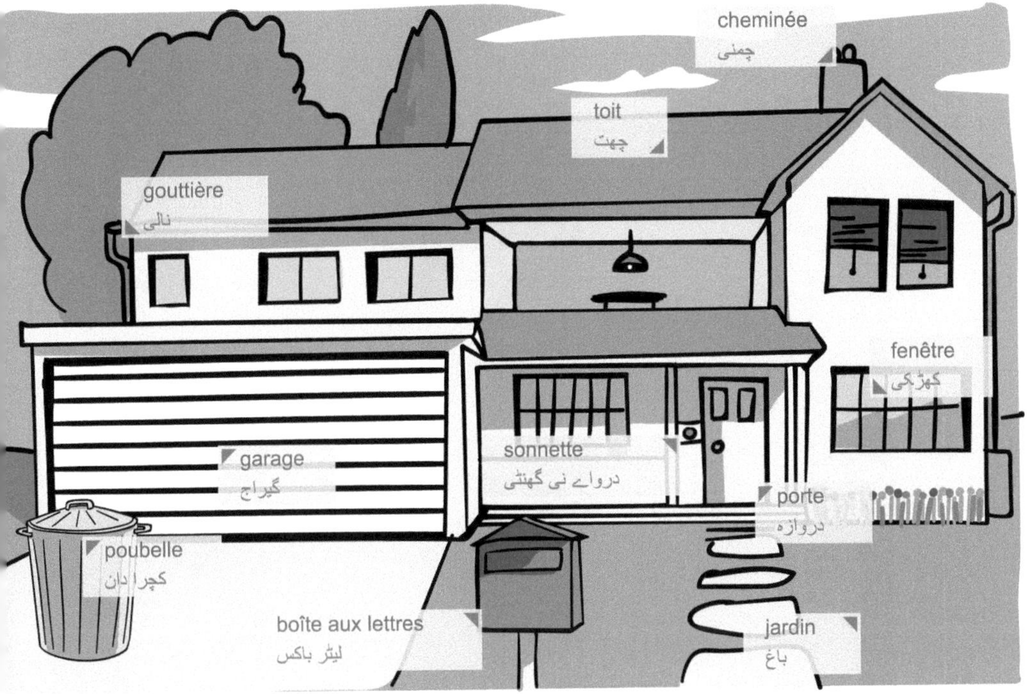

cheminée
چمنی
toit
چھت
gouttière
نالی
fenêtre
کھڑکی
garage
گیراج
sonnette
دروازے نی گھنٹی
porte
دروازہ
poubelle
کچرا دان
boîte aux lettres
لیٹر باکس
jardin
باغ

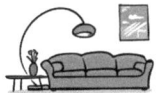

salon

....

لونگ روم

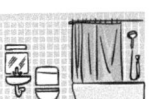

salle de bain

....

باتھ روم

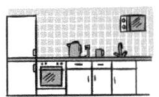

cuisine

....

باورچی خانہ

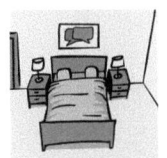

chambre à coucher

....

بیڈروم

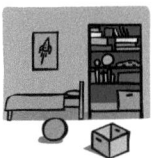

chambre d'enfant

....

بچیاں نا کمرہ

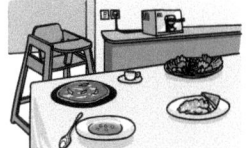

salle à manger

....

ڈائننگ روم

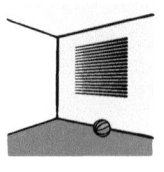

sol

فرش

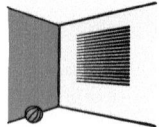

mur

دیوار

plafond

چھت

cave

سلہا

sauna

سوانا

balcon

بالکنی

terrasse

ٹیرس

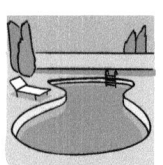

piscine

پول

tondeuse à gazon

لان موور

housse

شیٹ

couette

بیڈ سپریڈ

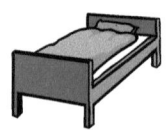

lit

بیڈ

balai

جھاڑو

sceau

بالٹی

interrupteur

سوئچ

salon

لونگ روم

papier peint
وال پیپر
image
تصویر
lampe
لیمپ
étagère
شیلف
armoire
الماری
télé
ٹیلیویژن
cheminée
آگ دان
fleur
پھل
coussin
کشن
sofa
صوفہ
vase
گلدان
télécommande
ریموٹ کنٹرول

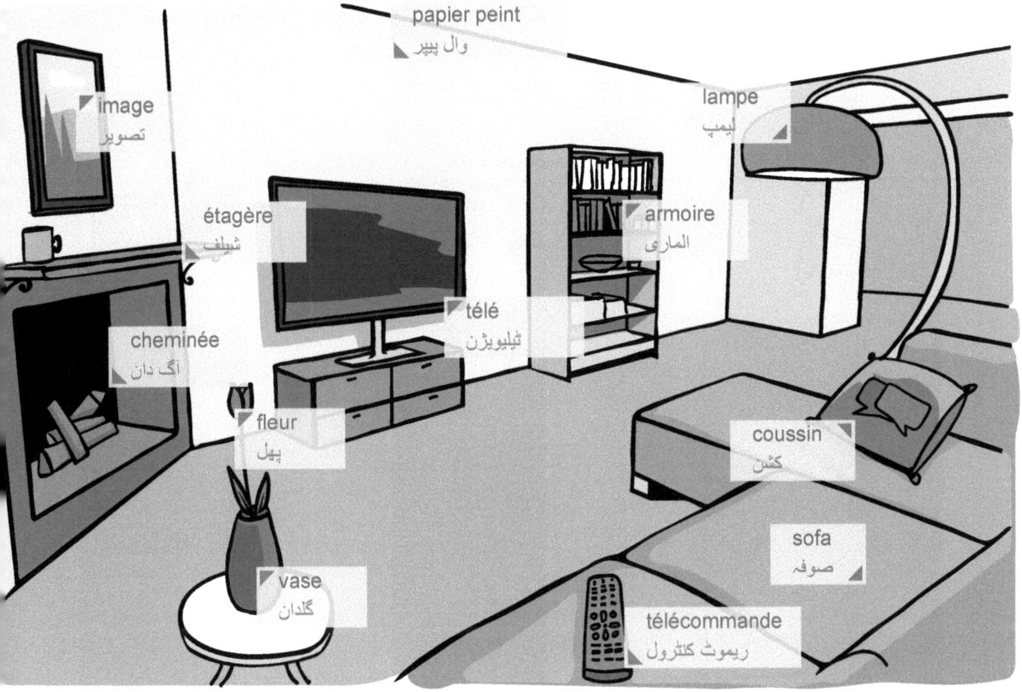

tapis

قالین

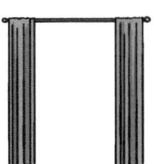

rideau

پردے

table

میز

chaise

کرسی

chaise à bascule

راکنگ چئیر

fauteuil

آرم چئیر

livre

کتاب

couverture

کمبل

décoration

ڈیکوریشن

bois de chauffage

کولے

film

فلم

chaîne hi-fi

ہائی فائی آلات

clé

چابی

journal

اخبار

peinture

پینٹنگ

poster

پوسٹر

radio

ریڈیو

bloc-notes

نوٹ پیڈ

aspirateur

بوور

cactus

کیکٹس

bougie

موم بتی

cuisine

باورچہ خانہ

réfrigérateur
فرج
four à micro-ondes
مائیکرو ویو اوون
balance de cuisine
کچن سکیل
grille-pain
ٹوسٹر
détergent
صرف
four
اوون
compartiment congélateur
فریزر
poubelle
کچرا دان
lave-vaisselle
پھانڈے دھون آلا

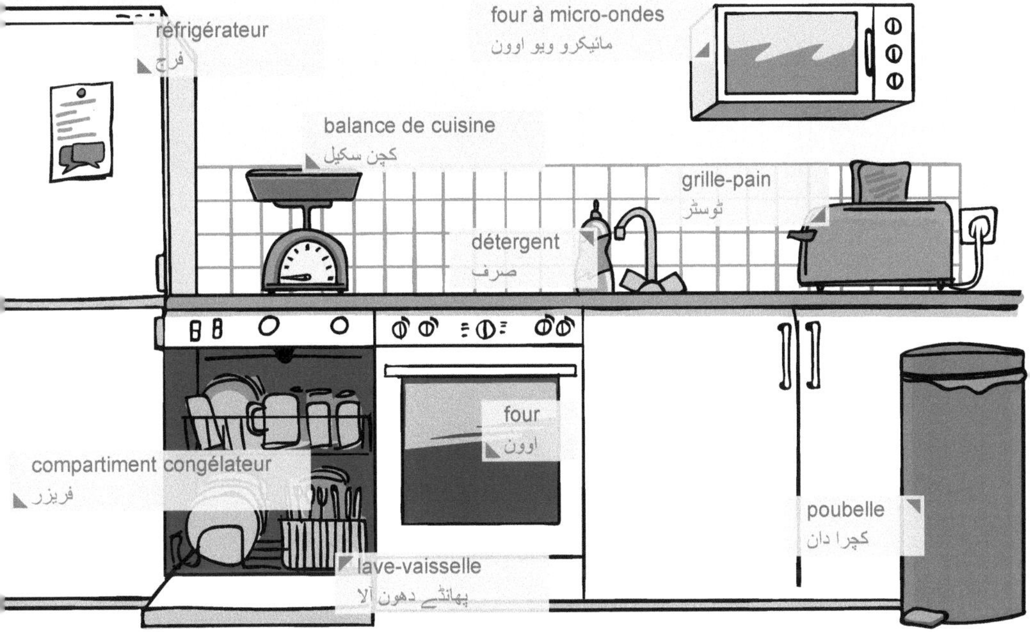

four

ککر

casserole

پاٹ

marmite

کاسٹ آئرن پاٹ

wok / kadai

ووک / کدائی

poêle

پین

bouilloire electrique

کیتلی

cuiseur vapeur

سٹیمر

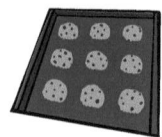

plaque de cuisson

بیکنگ ٹرے

vaisselle

پھانڈے

gobelet

مگا

coupe

پیالہ

baguettes

چوپ سٹکس

louche

کرچھل

spatule

اسپالی

fouet

پھینٹن آلا

passoire

چھننا

tamis

چھننی

râpe

جھاواں

mortier

کھان پکان آلا چمچہ

barbecue

باربی کیو

cheminée

چولھا

planche à découper

کٹنگ بورڈ

rouleau à pâtisserie

رولنگ پن

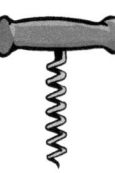

tire-bouchon

کارک سکرو

boîte

کین

ouvre-boîte

کین کھلون آلا

maniques

پاٹ پگڑن آلا

lavabo

سنک

brosse

برش

éponge

سپنج

mixeur

بلینڈڑ

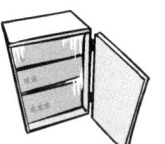

congélateur

ڈیپ فریزر

biberon

بچے نی بوتل

robinet

ٹوٹی

salle de bain

باتھ روم

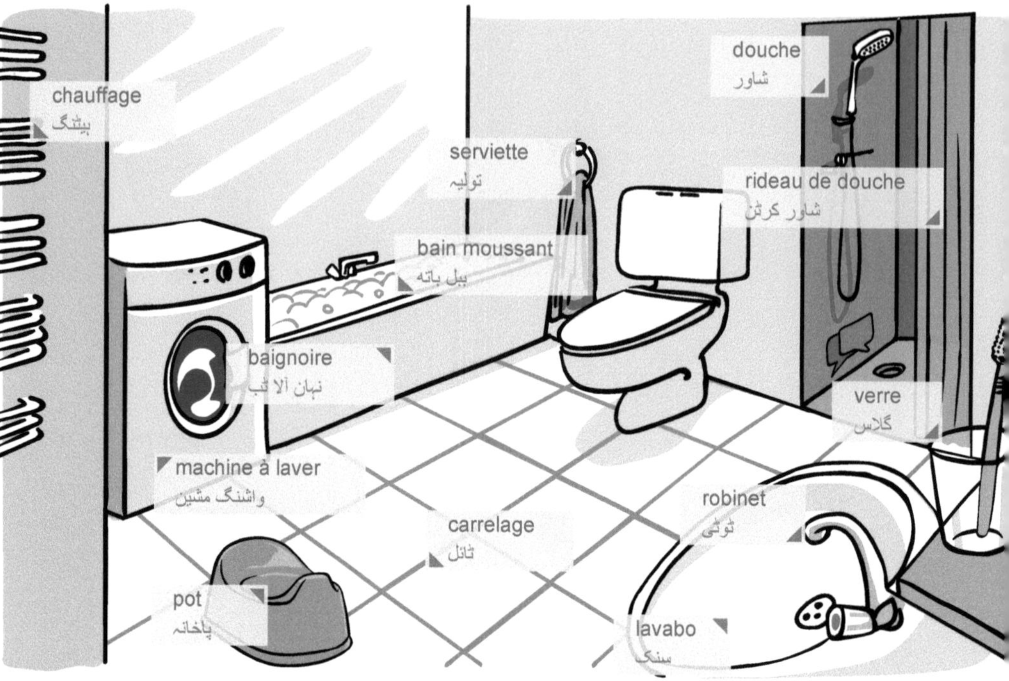
douche
شاور
chauffage
ہیٹنگ
serviette
تولیہ
rideau de douche
شاور کرٹن
bain moussant
ببل باتھ
baignoire
نہان آلا ٹب
verre
گلاس
machine à laver
واشنگ مشین
robinet
ٹوٹی
carrelage
ٹائل
pot
پاخانہ
lavabo
سنک

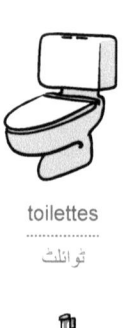

toilettes

ٹوائلٹ

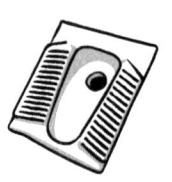

toilette à la turque

ٹوائلٹ

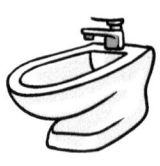

bidet

بڈت

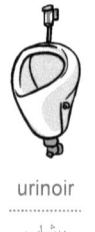

urinoir

پیشاب

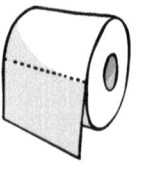

papier toilette

ٹوائلٹ پیپر

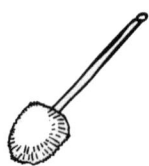

brosse à toilette

ٹوائلٹ برش

brosse à dents

ٹوتھ برش

dentifrice

ٹوتھ پیسٹ

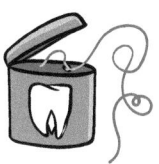

fil dentaire

ڈینٹل فلاس

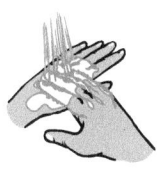

laver

دھونا

douche manuelle

ہتھ وچ پھڑن آلا شاور

douche intime

شاور

vasque

بیسن

brosse dorsale

بیک برش

savon

صابن

gel douche

شاور جیل

shampooing

شیمپو

gant de toilette

فلالین

écoulement

نالی

crème

کریم

déodorant

ڈیوڈرنٹ

miroir

آئینہ

miroir cosmétique

ہتھ آلا شیشہ

rasoir

استرا

mousse à raser

شیونگ فوم

après-rasage

آفٹر سیو

peigne

کنگھا

brosse

برش

sèche-cheveux

ہئیر ڈرائر

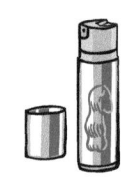

laque pour cheveux

ہئیر سپرے

fond de teint

میک اپ

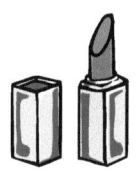

rouge à lèvres

لپ سٹک

vernis à ongles

ناخن نی وارنش

ouate

کاٹن وول

coupe-ongles

ناخن کتر

parfum

پرفیوم

trousse de toilette

....

واش بیگ

tabouret

....

پاخانہ

pèse-personne

....

وزن دا پیمانہ

peignoir

....

باتھ نی الماری

gants de nettoyage

....

ربر نے دستانہ

tampon

....

بفر

serviettes hygiéniques

....

تولیہ سٹینڈ

toilette chimique

....

کیمیکل ٹوائلٹ

chambre d'enfant

بچیاں نا کمرہ

réveil
الارم کلاک
doudou
کھڈونے
voiture jouet
کھڈونا گڈی
hochet
maison de poupée
cadeau
تحفہ

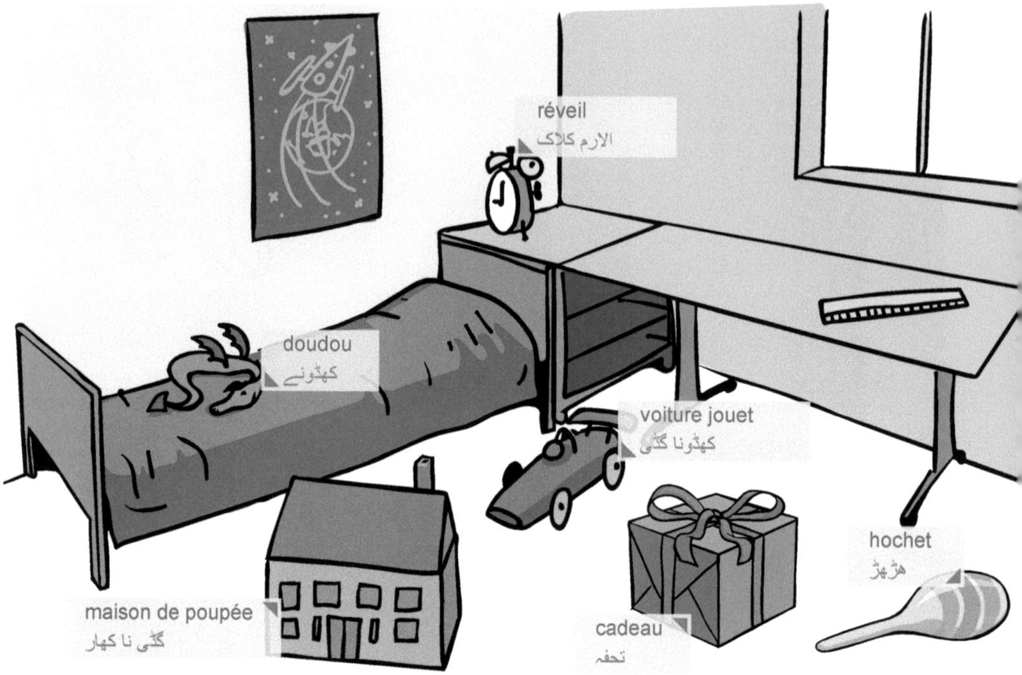

ballon

....

پھکانا

lit

....

بیڈ

poussette

....

پرام

jeu de cartes

....

تاش نے پتے

puzzle

....

جگ سا

bande dessinée

....

کامک

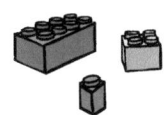

pièces lego

لیگو برکس

blocs de construction

بلڈنگ بلاکس

figurine

کھڈونا

grenouillère

بے بی گرو

frisbee

فرزوی

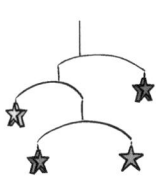

mobile

موبائل

jeu de société

بورڈ گیم

dé

ڈائس

train miniature

ماڈل ٹرن سیٹ

sucette

ڈمی

fête

پارٹی

livre d'images

تصویری کتاب

balle

گیند

poupée

گڈی

jouer

کھیڈنا

bac à sable

سینڈ پٹ

balançoire

جھولا

jouets

کھڈونے

console de jeu

ویڈیو گیم کنسول

tricycle

ٹرائی سائیکل

ours en peluche

ٹیڈی بئیر

armoire

الماری

vêtements

کپڑے

chaussettes

جراباں

bas

جراباں

collant

ٹائٹس

écharpe
سکارف
parapluie
چھتری
t-shirt
ٹی شرٹ
ceinture
بیلٹ
bottes
بوٹ
pantoufles
سلیپر
baskets
جوگر

sandales
....
سینڈل

chaussures
....
جوتی

bottes de caoutchouc
....
ربر نے جوتی

sous-vêtements
....
انڈر وئیر

soutien-gorge
....
برا

maillot de corps
....
بنیان

body

جسم

pantalon

پاجامہ

jean

جینز

jupe

سکرٹ

chemisier

برا

chemise

قمیض

pull

سوئیٹر

sweat à capuche

ہوڈی

veste

کوٹ

veste

جیکٹ

manteau

کوٹ

imperméable

برساتی

costume

کاسٹیوم

robe

کپڑے

robe de mariée

شادی نا جوڑا

costume

سوٹ

chemise de nuit

راتے نے کپڑے

pyjama

پاجامہ

sari

ساڑھی

foulard

سکارف

turban

پگڑی

burqa

برقعہ

caftan

کفتان

abaya

برقعہ

maillot de bain

نہان والے کپڑے

maillot de bain

انڈرویئر

short

نیکر

tenue d'entraînement

ٹریک سوٹ

tablier

دھوتی

gants

دستانے

bouton

بٹن

lunettes

چشمہ

bracelet

بریسلیٹ

collier

ہار

bague

انگوٹھی

boucle d'oreille

کنڈے

bonnet

ٹوپی

cintre

کوٹ ہینگر

chapeau

ٹوپی

cravate

ٹائی

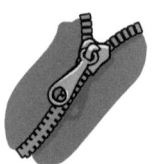

fermeture éclair

زپ

casque

ہیلمٹ

bretelles

بریسز

uniforme scolaire

سکول نی وردی

uniforme

وردی

bavoir

بب

sucette

ڈمی

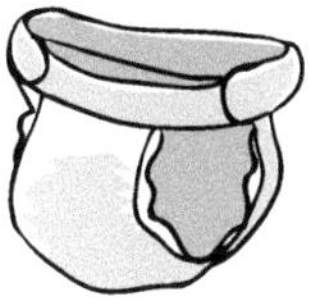

lange

ناپی

bureau

دفتر

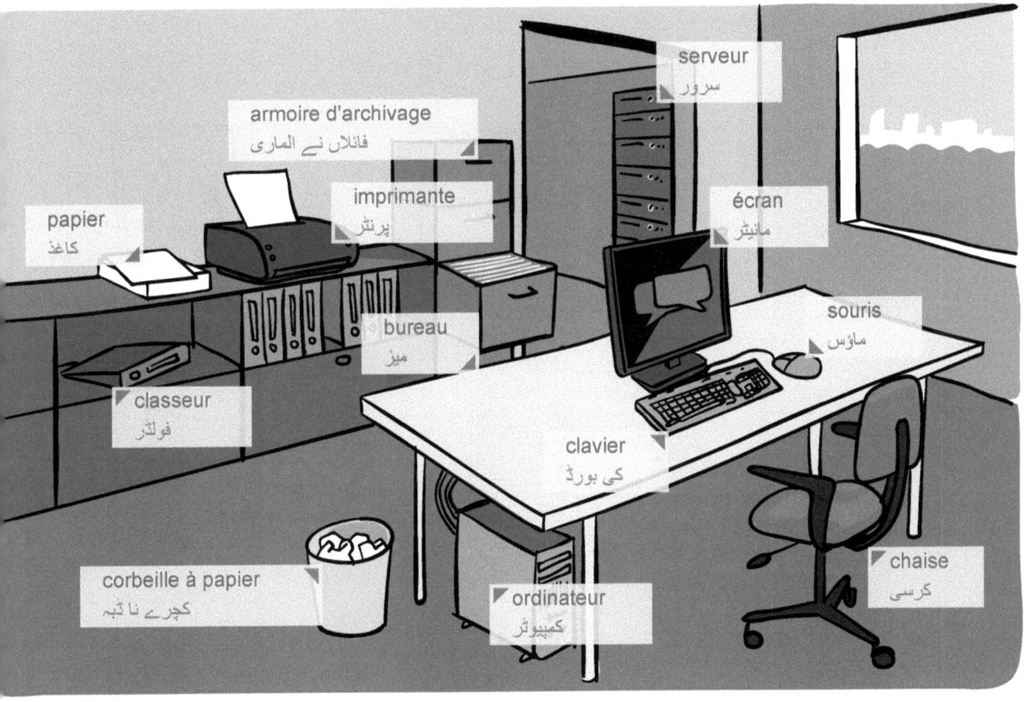

serveur
سرور
armoire d'archivage
فائلاں نے الماری
imprimante
پرنٹر
papier
کاغذ
écran
مانیٹر
souris
ماؤس
bureau
میز
classeur
فولڈر
clavier
کی بورڈ
chaise
کرسی
corbeille à papier
کچرے نا ڈبہ
ordinateur
کمپیوٹر

tasse de café

کافی مگ

calculatrice

کیلکولیٹر

internet

انٹرنیٹ

ordinateur portable

لیپ ٹاپ

lettre

خط

message

پیغام

portable

موبائل

réseau

نیٹ ورک

photocopieuse

فوٹو کاپئیر

logiciel

سافٹ وئیر

téléphone

ٹیلیفون

prise

پلگ ساکٹ

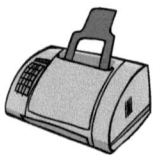

fax

فکس مشین

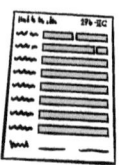

formulaire

فارم

document

دستاویزات

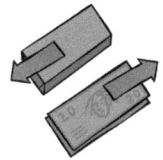

acheter

خریدنا

payer

ادا کرنا

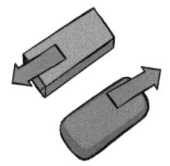

faire du commerce

تجارت

monnaie

پیسہ

dollar

ڈالر

euro

یورو

yen

ین

rouble

ربل

franc suisse

سویس فرانک

renminbi yuan

رینمینبی یوان

roupie

روپیہ

distributeur automatique

کیش پوائنٹ

bureau de change

ایکسچینج دفتر

or

سونا

argent

چاندی

pétrole

تیل

énergie

توانائی

prix

قیمت

contrat

معاہدہ

taxe

ٹیکس

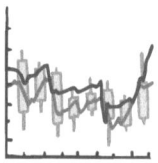

action

سٹاک

travailler

کم

employé

ملازم

employeur

آجر

usine

فیکٹری

magasin

ہٹی

professions

پیشہ

pompier
اگ بجھان آلا
agent de police
پلس افسر
cuisinier
کک
médecin
ڈاکٹر
pilote
پائلٹ

jardinier

مالی

menuisier

برھئی

couturière

درزن

juge

جج

chimiste

کیمسٹ

acteur

ایکٹر

conducteur de bus

بس ڈرائیور

chauffeur de taxi

ٹیکسی ڈرائیور

pêcheur

مچھیرا

femme de ménage

صفائی آلی جنانی

couvreur

روفر

serveur

ویٹر

chasseur

شکاری

peintre

پینٹر

boulanger

بیکری آلا

électricien

الیکٹریشن

ouvrier

تعمیرات آلا

ingénieur

انجینئیر

boucher

قصائی

plombier

پلمبر

facteur

پوسٹ مین

soldat

سپاہی

architecte

آرکیٹیکٹ

caissier

کیشئیر

fleuriste

پھلاں آلا

coiffeur

نائی

contrôleur

کنڈکٹر

mécanicien

مکینک

capitaine

کپتان

dentiste

دندان ساز

scientifique

سائنس دان

rabbin

ربانی

imam

امام

moine

راہب

prêtre

انگریز

outils
ٹولز

pinces
پلائر
marteau
ہتھوڑا
tournevis
سکریو ڈرائیور
torche
ٹارچ
clé
سپینر

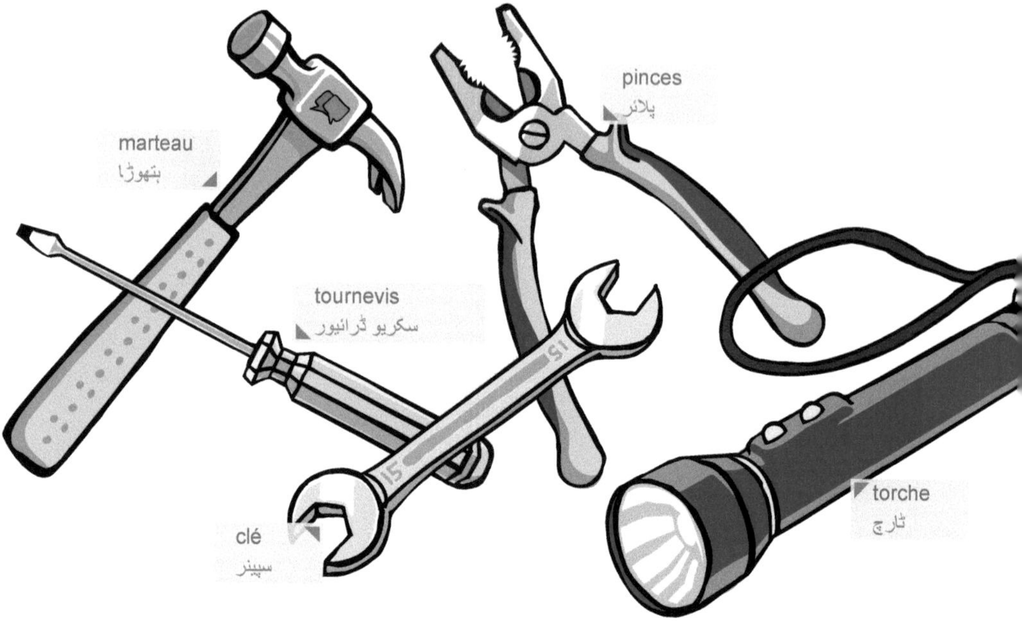

pelleteuse

پھاوڑا

boîte à outils

ٹول باکس

échelle

سیڑھی

scie

آری

clous

کیل

perceuse

ڈرل

réparer

مرمت

pelle

شاول

Mince !

لعنت!

pelle

ڈسٹ پین

pot de peinture

پینٹ پاٹ

vis

سکریوز

instruments de musique

موسیقی نے آلات

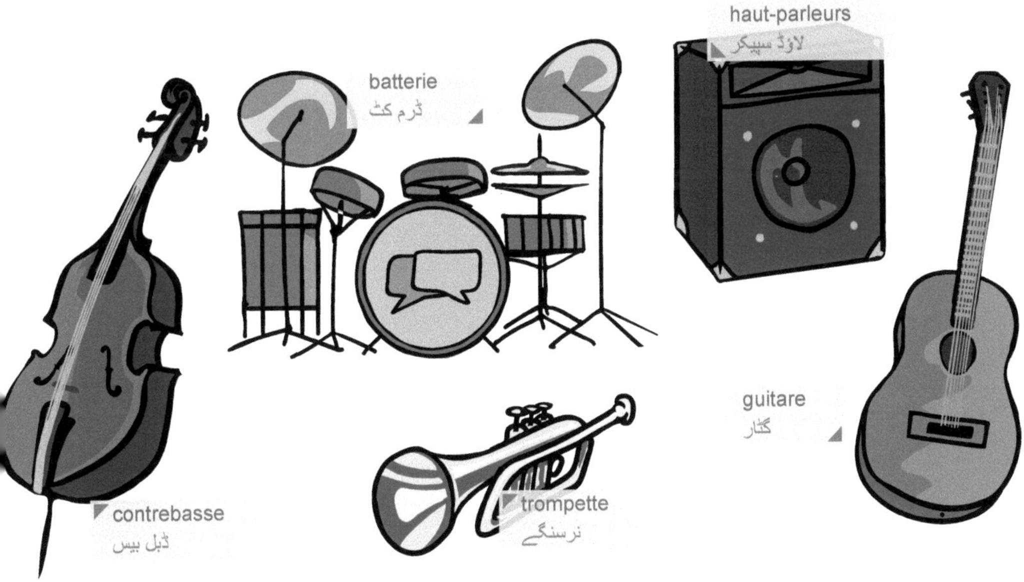

batterie

ڈرم کٹ

haut-parleurs

لاؤڈ سپیکر

guitare

گٹار

contrebasse

ڈبل بیس

trompette

نرسنگے

piano

پیانو

violon

وائلن

basse

بیس

timbales

ٹمپانی

tambour

ڈرمز

piano électrique

کی بورڈ

saxophone

سیگزو فون

flûte

بانسری

microphone

مائکروفون

چڑیا کھار

entrée
داخلہ
tigre
چیتا
cage
پنجرہ
zèbre
زیبرا
alimentation animale
جانوراں دا کھانا
panda
پانڈا

animaux

جانور

éléphant

ہاتھی

kangourou

کینگرو

rhinocéros

گینڈا

gorille

گوریلا

ours

ریچھ

chameau

اونٹ

autruche

شترمرغ

lion

شیر

singe

باندر

flamand rose

فلیمنگو

perroquet

طوطا

ours polaire

برفانی ریچھ

pingouin

پینگوئین

requin

شارک

paon

مور

serpent

سپ

crocodile

مگرمچھ

gardien de zoo

چڑیا گھر دا رکھوالا

phoque

سیل

jaguar

جیگوار

poney

پونی

léopard

لیپرڈ

hippopotame

بپو

girafe

زرافہ

aigle

چیل

sanglier

نر سور

poisson

مچھی

tortue

کیچھوا

morse

والرس

renard

لومبڑ

gazelle

گیزل

sports
کھیڈنا

american Football
امریکن فٹابل
cyclisme
سائکلنگ
tennis
ٹینس
basket-ball
باسکٹ بال
natation
سوئمنگ
boxe
باکسنگ
hockey sur glace
آئس ہاکی

football
فٹبال

badminton
بیڈ منٹن

athlétisme
ایتھلیٹکس

handball
ہینڈ بال

ski
سکیینگ

polo
پولو

rire
بنسنا

auter
چھال مارو

embrasser
چھپی بانا

marcher
چلنا

chanter
گانا گانا

rêver
خواب

prier
دعا

faire la bise
بوسہ

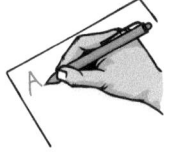

écrire

لکھنا

dessiner

ليک لانا

montrer

وکھانا

pousser

دھکا

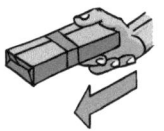

donner

دينا

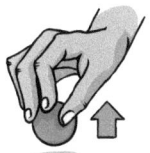

prendre

لينا

avoir

ہے وے

faire

کرنا

être

ہو

être debout

کھلونا

courir

دوڑنا

trier

چیھکنا

jeter

سٹنا

tomber

ٹھینا

être couché

جھوٹ

attendre

انتظار

porter

چکنا

être assis

بیھنا

s'habiller

کپڑے پانا

dormir

سونا

se réveiller

جاگنا

regarder

ویکھنا

pleurer

رونا/چلانا

caresser

سٹروک

peigner

کنگھا

parler

گل کرنا

comprendre

سمجھنا

demander

پوچھنا/دسنا

écouter

سننا

boire

پینا

manger

کھانا

ranger

تیار ہونا

aimer

محبت

cuire

پکانا

conduire

گڈی چلانا

voler

اڈنا

faire de la voile

سمندری سفر

calculer

کیلکولیٹ

lire

پڑھنا

apprendre

سیکھنا

travailler

کم

se marier

شادی

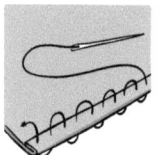

coudre

سیونا

brosser les dents

دند صاف

tuer

قتل

fumer

دھواں

envoyer

بھیجنا

famille
کنبہ

grand-mère
دادی
grand-père
دادا
père
mère
ماں
bébé
بچہ
fille
دھی
fils
پتر

hôte

مہمان

tante

ماسی / پھو

oncle

چاچا/ماما

frère

بھرا

sœur

بہن

corps

جسم

front
œil
épaule
منڈھے
doigt
انگلی
visage
منہ
menton
ٹھوڑی
main
poitrine
چھاتی
jambe
لت
bras
بانہ

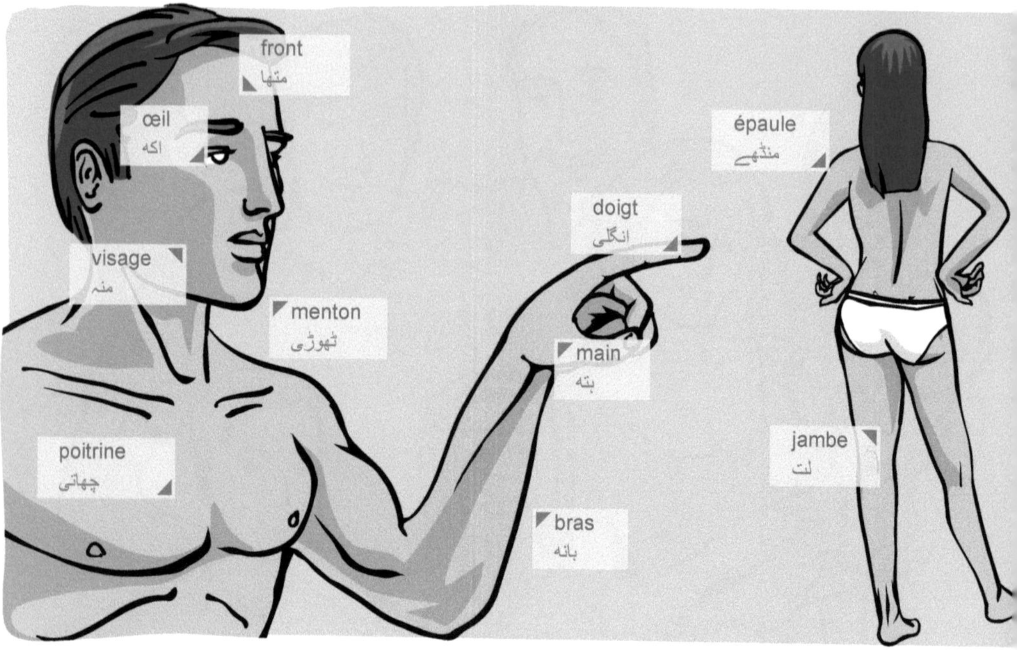

bébé
....
بچہ

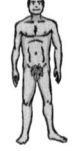

homme
....
بندہ

femme
....
جنانی

fille
....
کڑی

garçon
....
مڑا

tête
....
سر

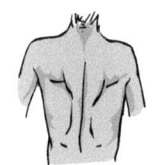

dos

کمر

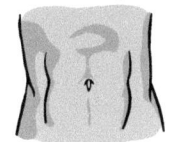

ventre

ٹھڈ

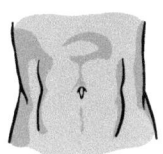

nombril

تھنی

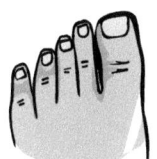

orteil

پنجہ

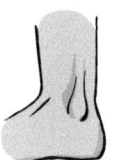

talon

اڈی

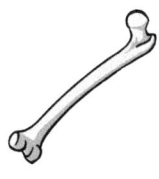

os

بڈہ

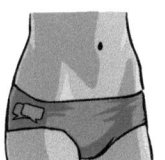

hanche

کولہے

genou

گوڈے

coude

کہنی

nez

نک

fesses

زیر جامہ

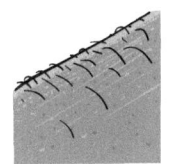

peau

کھل

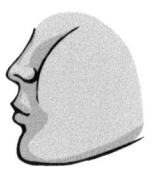

joue

گلاں

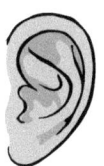

oreille

کن

lèvre

بل

bouche
منہ

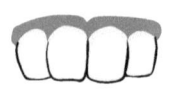

dent
دند

langue
زبان

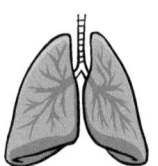

cerveau
دماغ

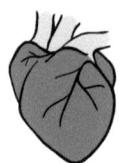

cœur
دل

muscle
پٹھے

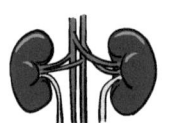

poumons
پھیپڑے

foie
جگر

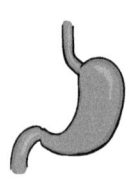

estomac
ٹھڈ

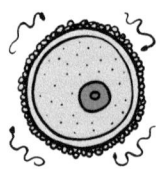

reins
گردے

rapport sexuel
جنس

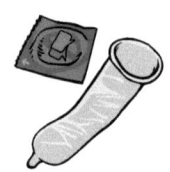

préservatif
کنڈم

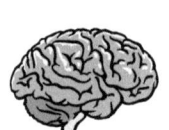

ovule
انڈے

sperme
منی

grossesse
حمل

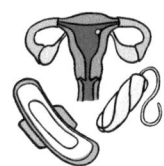

menstruation

حیض

vagin

اندام نهانی

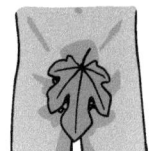

pénis

عضو تناسل

sourcil

بهوں

cheveux

بال

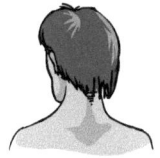

cou

گردن

hôpital

ہسپتال

hôpital
ہسپتال
ambulance
ایمبولنس
fauteuil roulant
وھیل چئیر
fracture
فریکچر

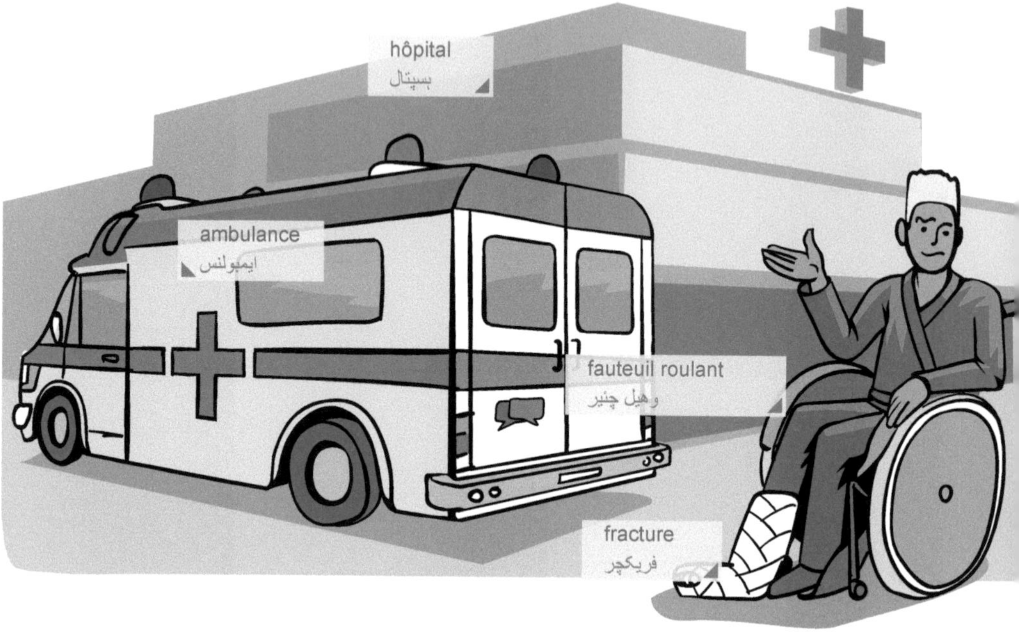

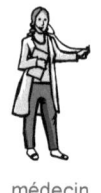

médecin

ڈاکٹر

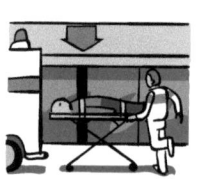

service des urgences

ہنگامی کمرہ

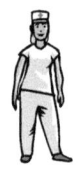

infirmière

نرس

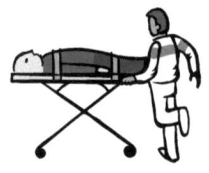

urgence

ایمرجنسی

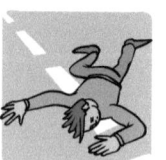

inconscient

بے ہوش

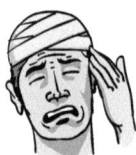

douleur

درد

blessure

سٹ

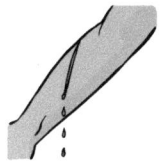

hémorragie

خون نکلنا

crise cardiaque

دل نا دوره

attaque cérébrale

فالج

allergie

الرجی

toux

کھنگ

fièvre

تپ

grippe

نزلہ

diarrhée

اسہال

mal de tête

سر درد

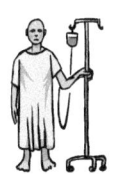

cancer

کینسر

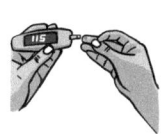

diabète

شوگر(ذیابطس)

chirurgien

سرجن

scalpel

سکیلپیل

opération

آپریشن

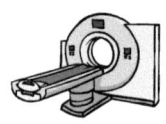

CT

سی ٹی

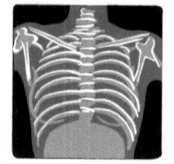

radiographie

ایکسرے

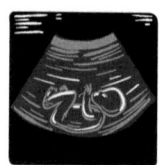

échographie

الٹرا ساؤنڈ

masque

چہرہ نا ماسک

maladie

بماری

salle d'attente

انتظار گاہ

béquille

بیساکھی

pansement

پلستر

pansement

پٹی

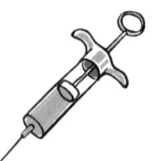

injection

ٹیکہ

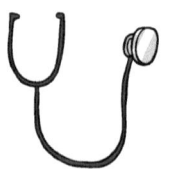

stéthoscope

سٹیتھوسکوپ

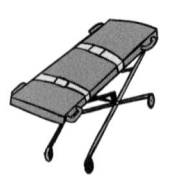

brancard

اسٹریچر

thermomètre

کلینکل تھرمومیٹر

accouchement

پیدائش

surcharge pondérale

زائدالوزن

appareil auditif
....
سنن لئی آلہ

désinfectant
....
جراثیمم کش

infection
....
متعدی مرض

virus
....
وائرس

VIH / sida
....
HIV/AIDS

médicament
....
دوائی

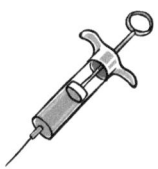

vaccination
....
ویکسینیشن

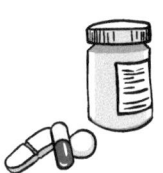

comprimés
....
گولیاں

pilule
....
گولی

appel d'urgence
....
ہنگامی کال

tensiomètre
....
بلڈ پریشر مانیٹر

malade / sain
....
بیمار / صحتمند

urgence

ایمرجنسی

Au secours !

....

مدد!

alarme

....

الارم

assaut

....

حملہ

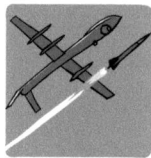

attaque

....

حملہ

danger

....

خطرہ

sortie de secours

....

ہنگامی اخراج

Au feu!

....

اگ!

extincteur

....

اگ بجاھن والا آلہ

accident

....

حادثہ

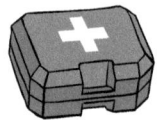

trousse de premier secours

....

فرسٹ ایڈ کٹ

SOS

....

SOS

police

....

پلس

Europe

یورپ

Amérique du Nord

شمالی امریکہ

Amérique du Sud

جنوبی امریکہ

Afrique

افریقہ

Asie

ایشیاء

Australie

آسٹریلیا

Océan atlantique

اٹلانٹک

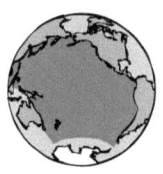

Océan pacifique

پیسیفک

Océan indien

بحیرہ ہند

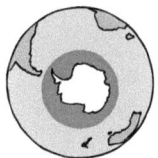

Océan antarctique

بهیره انٹارکٹک

Océan arctique

بهیره آرکٹیک

pôle nord

قطب شمالی

pôle sud

قطب جنوبی

Antarctique

انٹارکٹیکا

terre

زمین

pays

خشکی

mer

سمندر

île

جزیرہ

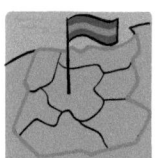

nation

قوم

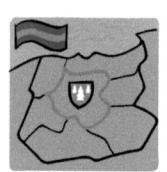

état

ریاست

...heure(s)

گھڑی

cadran

....

کلاک فیس

aiguille des heures

....

نکی سوئی

aiguille des minutes

....

وڈی سوئی

aiguille des secondes

....

سیکنڈ ہینڈ

Quelle heure est-il ?

....

کی ٹائم ہویا اے؟

jour

....

دن

temps

....

وقت

maintenant

....

ہون

montre digitale

....

ڈیجیٹل گھڑی

minute

....

منٹ

heure

....

گھنٹہ

semaine

ہفتہ

lundi
سوموار
MO
mardi
منگل وار
TU
mercredi
بدھ وار
W
jeudi
جمعرات
TH
vendredi
جمعہ
FR
samedi
SA
dimanche
اتوار
SO

1

hier

کل

2

aujourd'hui

اج

3

demain

کل

matin

سویر

midi

دوپہر

soir

شام

MO TU WE TH FR SA SU
1 2 3 4 5 6 7
8 9 10 11 12 13 14
15 16 17 18 19 20 21
22 23 24 25 26 27 28
29 30 31 1 2 3 4

jours ouvrables

کاروباری دن

MO TU WE TH FR SA SU
1 2 3 4 5 6 7
8 9 10 11 12 13 14
15 16 17 18 19 20 21
22 23 24 25 26 27 28
29 30 31 1 2 3 4

week-end

ویک اینڈ

année
سال

pluie
بارش
arc-en-ciel
رین بو
vent
ہوا
neige
برف
printemps
بہار
été
گرمی
automne
خزاں
hiver
سردی

4.APRIL 11°
5.APRIL 4°
6.APRIL 13°
7.APRIL 8°
8.APRIL 10°

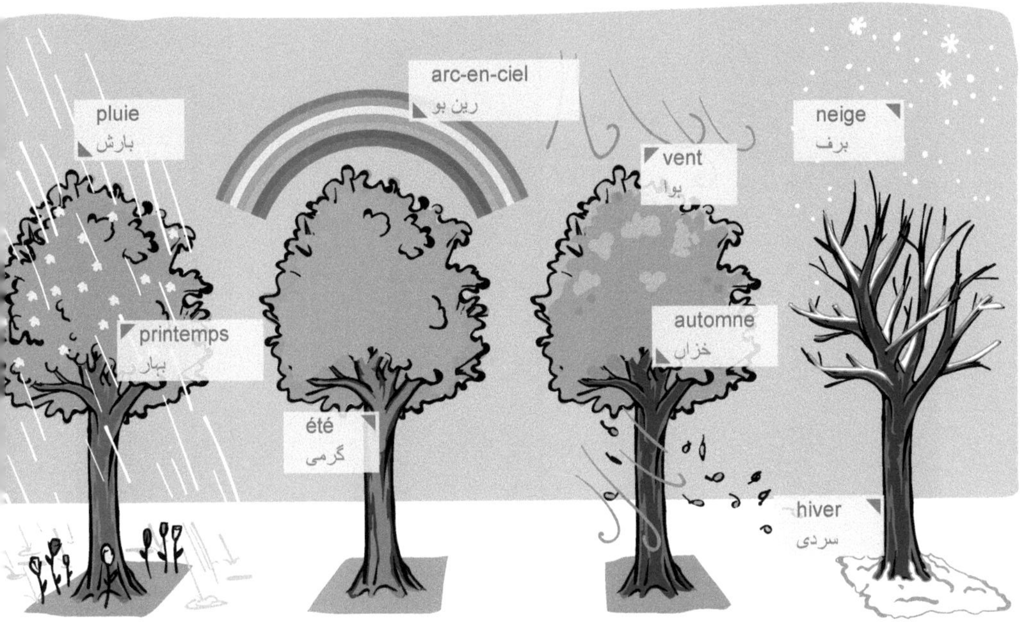

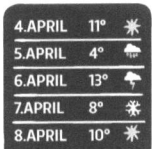

météo
موسمی پیشگوئی

F C
120 40
90 30
60 20
30 10
0 0
-30 -10
-20

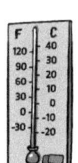

thermomètre
تھرمامیٹر

lumière du soleil
سورج نے چمک

nuage
بدل

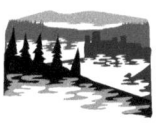

brouillard
دھند

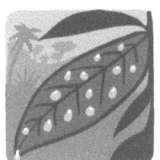

humidité
نمی

foudre

بجلی کڑکنا

tonnerre

گرج

tempête

نهیری

grêle

اولے

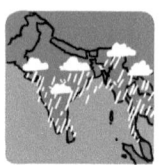

mousson

ساون

inondation

سیلاب

glace

برف

janvier

جنوری

février

فروری

mars

مارچ

avril

اپریل

mai

مئی

juin

جون

juillet

جولائی

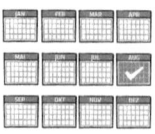

août

اگست

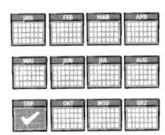

septembre

ستمبر

octobre

اكتوبر

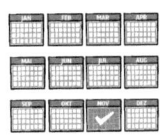

novembre

نومبر

décembre

دسمبر

formes

شكلاں

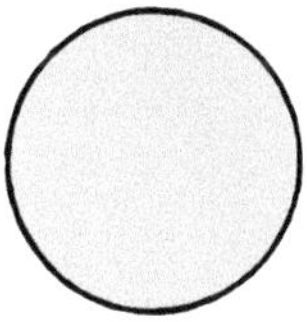

cercle

گول

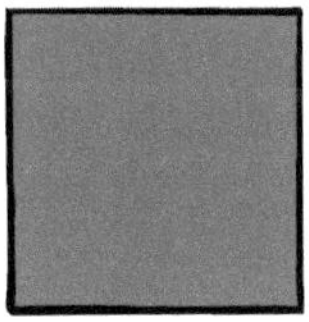

carré

چوکور

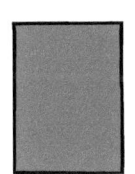

rectangle

مستطیل

triangle

مثلث

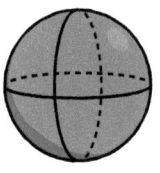

sphère

دائره نما

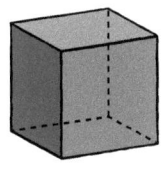

cube

مکعب

couleurs

رنگ

blanc

چٹا

jaune

پیلا

orange

نارنجی

rose

گلابی

rouge

رتا

violet

جامنی

bleu

نیلا

vert

ہرا

marron

کتھئی

gris

سرمئی

noir

کالا

beaucoup / peu

زیادہ / گھٹ

fâché / calme

ناراض / پرسکون

joli / laid

خوبصورت / بدصورت

début / fin

ابتداء / اختتام

grand / petit

وڈا / نکا

clair / obscure

روشن / نھیرا

frère / soeur

بھرا / بہن

propre / sale

صاف / گندا

complet / incomplet

مکمل / نا مکمل

jour / nuit

دن / رات

mort / vivant

مردہ / اندہ

large / étroit

چوڑا / تنگ

comestible / incomestible

خوردنی / ناقابل خوردنی

méchant / gentil

پھیڑا / چنگا

excité / ennuyé

خوش / ناخوش

gros / mince

موٹا / پتلا

premier / dernier

پہلا / آخری

ami / ennemi

دوست / دشمن

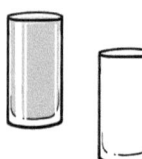

plein / vide

بھریا / خالی

dur / souple

سخت / نرم

lourd / léger

بھاری / ہلکا

faim / soif

بھوک / پیاس

malade / sain

بیمار / صحتمند

illégal / légal

قانونی / غیر قانونی

intelligent / stupide

ذہین / بیوقوف

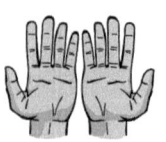

gauche / droite

کھبا / سجا

proche / loin

کولے / دور

nouveau / usé

نواں / پرانا

rien / quelque chose

کجھ نئیں / سب کجھ

vieux / jeune

بڈھا / جوان

marche / arrêt

کھولنا / بند کرنا

ouvert / fermé

کھولنا / بند کرنا

faible / fort

خاموشی / شور

riche / pauvre

امیر / غریب

correct / incorrect

درست / غلط

rugueux / lisse

کھردرا / ہموار

triste / heureux

افسردہ / خوش

court / long

نکا / لما

lent / rapide

آہستہ / تیز

mouillé / sec

گیلا / خشک

chaud / froid

گرم / ٹھنڈا

guerre / paix

جنگ / امن

nombres

اعداد

0

zéro

صفر

1

un / une

اک

2

deux

دو

3

trois

تن

4

quatre

چار

5

cinq

پنج

6

six

چه

7

sept

ست

8

huit

اٹه

9

neuf

نو

10

dix

دس

11

onze

یاراں

12

douze

باراں

13

treize

تیراں

14

quatorze

چودا

15

quinze

پندرہ

16

seize

سولہ

17

dix-sept

ستاراں

18

dix-huit

اٹھاراں

19

dix-neuf

انیہ

20

vingt

وی

100

cent

سو

1.000

mille

ہزار

1.000.000

million

ملین

langues
بولی

anglais

انگریزی

anglais américain

امریکی انگریزی

chinois mandarin

چینی مینڈیرین

hindi

ہندی

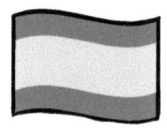

espagnol

سپینش

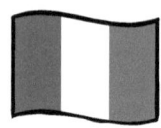

français

فرینچ

arabe

عربی

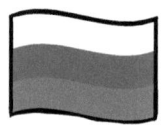

russe

رشئین

portugais

پرتگالی

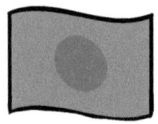

bengali

بنگالی

allemand

جرمن

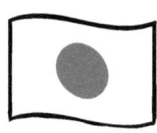

japonais

جاپانی

qui / quoi / comment

کون/ کی / کیویں

je

میں

tu

توں

il / elle / ce, c', cela

وہ/وہ/ایہہ

nous

اسیں

vous

توں

ils / elles

او

Qui ?

کون؟

Quoi ?

کی؟

Comment ?

کیویں؟

Où ?

کتھے؟

Quand ?

کدوں؟

nom

ناں

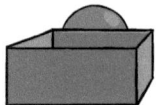

où

کتھے

derrière

پچھے

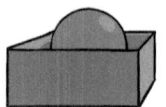

dans

وچ

devant

نے سامنے

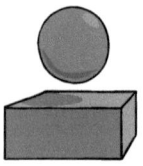

au-dessus

تے

sur

تے

en-dessous

ہیٹ

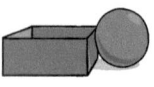

à côté de

سوا

entre

مابین

lieu

جگہ